童眼识天下 科普馆

SEN LIN DONG WU

森林动物

童心○编绘

U0314329

化学工业出版社

·北京·

编绘人员：

王艳娥　王迎春　康翠苹　崔　颖　王晓楠　姜　茵
李佳兴　丁　雪　李春颖　董维维　陈国锐　寇乾坤
王　冰　张玲玮　盛利强　边　悦　王　岩　李　笪
张云廷　陈宇婧　宋焱煊　赵　航　于冬晴　杨利荣
张　灿　李文达　吴朋超　曲直好　付亚娟　陈雨溪
刘聪俐　陈　楠　滕程伟　高　鹏　虞佳鑫

图书在版编目（CIP）数据

童眼识天下科普馆.森林动物 / 童心编绘 . —北京：化
学工业出版社，2017.9（2024.11重印）
ISBN 978-7-122-30272-4

Ⅰ.①童…　Ⅱ.①童…　Ⅲ.①常识课 - 学前教育 -
教学参考资料　Ⅳ.①G613

中国版本图书馆 CIP 数据核字（2017）第 172724 号

项目策划：丁尚林　　　　　　　　　　　责任校对：吴　静
责任编辑：隋权玲　　　　　　　　　　　封面设计：刘丽华

出版发行：化学工业出版社(北京市东城区青年湖南街13号　邮政编码100011)
印　　装：北京宝隆世纪印刷有限公司
889mm×1194mm　1/20　印张4　2024年11月北京第1版第14次印刷

购书咨询：010-64518888　　　　　　售后服务：010-64518899
网　　址：http://www.cip.com.cn
凡购买本书，如有缺损质量问题，本社销售中心负责调换。

定　　价：19.80元

森林，有着"地球之肺"的美誉。生活在森林王国里的动物种类繁多，数量庞大。它们有的在地上奔跑，有的在树木间穿梭，有的在草丛里蹦跳，有的在溪流间徘徊……

森林中长满了嫩叶嫩草、果实种子，这是梅花鹿、松鼠、金丝猴等动物爱吃的食物，这些动物同时又被老虎、云豹、蟒蛇等掠食者视为美食，这是森林生物链的其中一环，动物们就是这样依赖着森林生存，并且与森林一起构成了完整的生态系统。

森林里还有许多有趣的动物呢：身披利箭的豪猪、胆小的赤麂、可爱的小熊猫……想认识这些动物吗？那就赶快走进《森林动物》一书，和它们近距离接触吧！

目录

CONTENTS

68

34

06

78

森林之王 老虎

老虎威武凶猛，长着巨大的尖牙、有力的虎爪，在森林里几乎难逢敌手，是有名的森林之王。

森林霸主

老虎穿着黑色条纹装饰的棕黄色"外衣"，头圆眼大，额头上交错分布的黑色条纹形成了一个"王"字。老虎健壮的四肢可以扑倒野牛、鹿等大型动物，粗壮的尾巴在战斗时也是威力巨大的武器，再加上尖牙利爪，怪不得老虎可以击败其他动物，成为森林霸主呢。

捕猎高手

老虎的脚上有厚厚的肉垫，因此它在行动时发出的声响很小，非常利于隐蔽。这样一来，它就可以轻松靠近猎物。当距离合适的时候，它会一跃而起，将猎物扑倒，并且用利齿咬住猎物的咽喉使其窒息死亡，然后再悠闲地享用美餐。

领地

老虎喜欢单独活动，没有固定的巢穴，但每只老虎都有自己的领地，它们会用尿液和其他具有强烈气味的分泌物界定领地范围。如果有入侵者，领地主人就会和入侵者展开激烈战斗，雄性老虎甚至会将战败的对手杀掉。

叫声洪亮

老虎的叫声非常洪亮，可以传到 2 千米以外，这样的叫声不仅可以用来与同类沟通，还可以吓跑敌人。

树栖猎手 云豹

茂密的原始森林里静悄悄的，偶尔会有鸟儿鸣唱起来。但是，森林里可是高手云集。瞧，在高高的树干上，一只云豹正专注地巡视呢！

喜欢在树上生活

像鸟儿一样，云豹也喜欢在树上睡觉和玩耍。它有高超的爬树技能，可以在树干上行走，也可以用两条后腿在枝头站立，还可以跳跃着追逐鸟类、猴子等猎物。云豹还会蜷伏在树干上，耐心等待地面上经过的猎物。当距离恰当的时候，云豹就会抓准时机从树上扑下来将猎物捕获。

身穿花外衣

云豹的皮毛是金黄色的，上面装饰着大块的像云朵一样的斑纹，就像一件美丽的花外衣。云豹皮毛上的斑纹周围是黑色，中间是暗黄色，很像龟背上的纹饰，因而云豹也被称作"龟纹豹"。云豹的花外衣不仅别致，还能够帮助它伪装。当云豹静静地躲在树干上时，几乎会与树干融为一体，很难被识别出来。

天线一样的触须

像猫一样，云豹也有长长的触须。对于喜欢夜晚行动的云豹来说，这些触须就像灵敏的天线，可以随时获取周围的信息，即使是微小的风吹草动，也会被云豹知晓。有了这件秘密武器，云豹就可以轻松地在漆黑的夜色里捕捉猎物和避开敌人。

可以直立行走的 **黑熊**

黑熊是森林里出了名的慢性子，它喜欢悠闲地在树丛里穿行，偶尔也会像人类一样直立行走。如果找到了美味的果实，它就会坐在地上，悠闲地享用美食。

美食家

黑熊是口味多样的美食家，它会随着季节变化调整食谱。春季，黑熊会采集鲜嫩多汁的野草、树木嫩芽；夏季，黑熊会采摘各种美味的果实和浆果，捕捉昆虫、鱼虾、蟹类等动物，偶尔也会尝一下蜂蜜、鸟蛋；秋季、冬季，黑熊会以各种油脂含量丰富的坚果为主食。

顽皮的小熊

黑熊的幼崽活泼可爱，喜欢在树洞周围的草地上玩耍，品尝各种野草，追逐小昆虫，或顽皮地爬到树上玩耍。

嗅觉灵敏

黑熊的视觉不太发达，但嗅觉特别灵敏。它能准确分辨出数百米之外的气味，这对黑熊觅食、躲避敌人非常有利。

冬天睡懒觉

秋天的时候，黑熊会大量进食，把自己吃得胖胖的，为冬季的到来做准备。到了冬天，黑熊就会躲在树洞里呼呼大睡。这期间，黑熊不吃不动，而且会自动降低体温、心率，以减少能量消耗。等春天到来，黑熊才会出洞觅食，补充能量。

围着毛裙子的 貂熊

貂熊长着浓密的褐色长毛，不怕寒冷，主要生活在北极边缘的针叶林里。它们的臀部附近有一条淡黄色的条纹，看起来就像弯弯的月牙，因而人们把貂熊称作"月熊"。

围着毛裙子

貂熊身体粗壮，很像胖胖的熊，但是却像貂类一样长着一条毛茸茸的长尾巴。它身体两侧的毛有十几厘米长，这让貂熊看起来就像围着一圈长长的毛裙子。当貂熊在丛林里跳窜的时候，"毛裙子"就会飘起来，看上去貂熊好像在丛林里飞翔。

凶猛的猎食者

貂熊性情凶悍，力气惊人。它经常躲在树上，当猎物经过时就出其不意地发起攻击，并且迅速将猎物扑倒制伏，变成自己的腹中美餐。有时，貂熊甚至会从狼、熊等凶猛的大型食肉动物口中夺取食物。

独特的防御招数

　　貂熊有发达的臭腺，能够分泌出臭气强烈的液体。遇到强大的对手时，貂熊就会分泌臭液，并且在上面打个滚，使全身散发着臭气。敌人闻到这样的臭气，大部分都会对貂熊失去兴趣，貂熊则趁机逃之夭夭。

耳朵上竖着长毛的 猞猁

猞猁的外形看起来就像一只体形硕大的野猫，但它的尾巴却很小巧，像兔子尾巴一样。猞猁是出色的"夜间猎手"，它喜欢在夜色的掩护下四处寻找猎物，它会谨慎地关注周围的风吹草动，如果搜索到猎物的信息，就会悄悄靠近，抓住机会将其捕获。

耳朵上的长毛

猞猁的耳朵尖端长着耸立的深色长毛，就像京剧舞台上武将头盔上的装饰翎毛。事实上，这些长毛不是猞猁的装饰品，而是为猞猁收集音波的"天线"。如果没有这些长毛，猞猁的听力会受到非常大的影响。

耐性超强

猞猁的耐性非常惊人，它可以片刻不停地奔跑十几千米，也可以在雪地里一动不动地静卧好几天，即使天气寒冷，它也毫不在乎。

谨慎又狡猾

在森林里，猞猁有很多强大的敌人，如老虎、雪豹、熊等大型猛兽。遇到危险时，猞猁通常会迅速蹿到树上躲起来，如果没有及时躲避，它会躺在地上，假装死去，从而避免被敌人攻击。

保暖的靴子

冬天，猞猁的大爪子上会长出又密又厚的绒毛，整个爪子显得毛茸茸的，就像穿着厚厚的雪地靴。这样一来，猞猁在雪地上奔跑觅食就方便多了。

善于合作的狼

狼虽然体形不如老虎、黑熊那样壮硕，但它非常聪明，善于群体合作，因而可以捕获鹿、野牛等大型野生动物。

狼与狗的外形区别

狼的外形看起来跟狗差不多，但是两者有着明显的区别。狼的耳朵是竖立的，这有利于获取周围的信息。狼的尾巴长着浓密的长毛，一般都垂在两腿间，不会像狗尾巴一样摇来摇去。

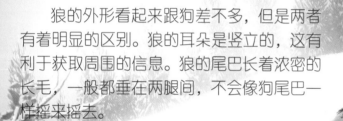

尖利的牙齿

狼细长的嘴巴里，长着数十颗尖利的牙齿，这是狼的有力武器。狼的4颗犬齿尤为发达，长度约4厘米，可以轻松地将野兽厚厚的皮刺破。狼的其他牙齿则像锋利的锯齿，能够迅速将猎物撕成碎片。

等级分明的狼群

狼是一种群居性动物，狼群规模在几只到三十几只之间，群体成员之间通过气味、叫声、动作等方式进行沟通。狼群里最强壮、最聪明的狼会成为首领，其他成员都要服从首领的领导指挥。虽然一只狼的力量不算强大，但整个狼群的力量足以与其他猛兽抗衡。群体生活的方式还可以让狼捕获更多猎物，并且能够防御其他捕食者伤害幼崽。

聪明的 黑猩猩

黑猩猩是与人类血缘关系最近的灵长类动物，具有非常高的智力水平。它懂得交流沟通，还有复杂丰富的心情。

灵巧的手

黑猩猩的手与我们的很像，有灵巧的手指，可以轻松抓握各种物体，还可以剥香蕉皮、砸核桃。大猩猩还会像人类一样，用手指梳理毛发，并且精确地捏住身上的小虫子、草叶等杂物。

会使用工具

黑猩猩很喜欢吃白蚁，但白蚁总躲在巢穴里不出来。于是，黑猩猩就找来草叶或木棍，稍微加工一下，然后伸进白蚁巢穴里将白蚁引诱过来。过一会儿，黑猩猩就把爬满白蚁的工具拿出来，抿进嘴里品尝美味的白蚁。

运用战术捕猎

　　黑猩猩有时会捕捉一些小型动物，如羚羊、狒狒、猴子等。进行捕猎的时候，黑猩猩会采用一定的战术。它们会设置埋伏，然后将猎物驱逐到埋伏地点。这时候，躲在埋伏通道的黑猩猩就会奋力将猎物捕获。

群落之间的战争

　　黑猩猩是一种群居性动物，每个猩猩群都由一只成年的雄性猩猩领导。不同猩猩群之间有时会为了争夺领地、食物爆发战争，直到一方胜出。战争结束后，黑猩猩有时会把被杀死的敌人吃掉。

非洲巨兽 银背大猩猩

有一种大猩猩，它站立起来比人还要高，体重可达120多千克，它肌肉发达，力气惊人，就连凶猛的豹子也不敢轻易向它宣战，它就是银背大猩猩。

为什么用"银背"命名？

银背大猩猩的毛色通常是黑色的，但是有些成熟的雄性的背部毛色会变成银灰色，因而人们将这种猩猩称作银背大猩猩。

贪吃

　　银背大猩猩非常贪吃，除了睡觉外，都在不停地吃东西。植物的嫩芽、鲜美的枝条、多汁的果实，都是它喜欢的美味。由于太贪吃了，银背大猩猩的肚子总是圆鼓鼓的，看起来非常滑稽。

有力的双臂

　　银背大猩猩的双臂发达，力气惊人，臂展可达两米以上。据说，银背大猩猩可以单手掀翻一辆小汽车。这样强大的力量足以将很多小动物撕碎，因此银背大猩猩在森林里很少遇到对手。

领地不容侵犯

　　银背大猩猩是一种群居性动物，群体由一只强壮的雄性领导。每个群体都有自己的领地，如果有其他动物闯入了它们的领地，银背大猩猩就会用武力将其驱逐。

非常聪明

　　银背大猩猩具有很高的智商，它像人类一样，能够做出各种复杂、丰富的表情，还可以利用简单的工具获取食物，某些受过训练的银背大猩猩还可以用简单的手语进行沟通。

爬行动物，别过来！

　　银背大猩猩虽然难逢敌手，但是丛林里蜥蜴、毛毛虫等爬行动物却是它的克星，让它有所忌惮。刚出生的小猩猩虽然喜欢追踪任何会移动的东西，但它会本能地躲避变色龙、毛毛虫等。

前臂发达的长臂猿

雨林里，一个个灵巧的身影在枝头一闪而过。它们可不是在树影间飞舞的鸟类，而是一只只行动迅捷的长臂猿。

种类多样

长臂猿种类多样，毛色各异，有金色的，有棕色的，还有全身乌黑的。它们有的长着雪白的眉毛，有的长着白色的手和脚，还有的戴着黑色的小礼帽，可爱极了。虽然它们看起来各具特色，但整体相差不大，都长着小小的头、扁平的脸和最具特点的发达前臂。

发达的前臂

长臂猿身材娇小，身高不足 1 米，但它们的前臂却非常发达，双臂展开长度可达 1.5 米左右，难怪它们被称作长臂猿了。发达的前臂可以轻松地承担长臂猿的体重，相当于长臂猿的翅膀，让它们可以轻松地在树丛间自由穿梭，甚至能够追得上飞翔的鸟。

有趣的走路姿势

　　长臂猿以树栖为主，偶尔也会到地面上逛一逛。在地面上，长臂猿有时会站起来散散步，这时它们的双膝会稍微弯曲，前臂张开或高举以维持平衡，看起来就像滑稽的小丑。

群体生活的金丝猴

金丝猴是一种不怕冷的猴子，喜欢生活在高海拔地区的密林里。它们喜欢采集小浆果、苔藓、鲜嫩的树叶当食物，有时也会换换口味，品尝一下美味的鸟蛋。

奇特的长相

为了适应高原的缺氧环境，金丝猴进化出了非常奇特的长相。它的鼻子很小，鼻孔却又粗又大。它的嘴巴更是奇怪，嘴唇厚厚的，这让金丝猴看起来就像电影里的喜剧演员。

群体生活

金丝猴喜欢热闹，通常成群生活在一起。据说，最大的猴群可以有 600 名成员。猴群成员一起觅食，一起玩耍嬉戏，相互关照，非常团结。休息的时候，猴群成员之间还会相互梳理毛发，帮对方清理藏在毛发下的小虫子；遇到天敌的时候，它们会同心协力，将敌人打败。

保暖的长毛

金丝猴的毛通常是金黄色或淡黄色的，长而柔软，闪耀着美丽的光泽，看起来就像精致的金色绒线。这些毛具有很好的保暖功能，是金丝猴抵抗寒冷天气的法宝。

行动缓慢的蜂猴

一般来说，人们喜欢将猴子看作灵巧、机敏的代名词。但是，以缓慢著称的蜂猴却让人们对猴子有了新的认识。

毛茸茸的蜂猴

蜂猴体形较小，身披浓密的绒毛。它的头圆圆的，看起来像一个毛茸茸的绒球，小小的耳朵在绒毛的遮挡下几乎都看不到，但它的眼睛又大又圆，还描着深色的眼影，看起来非常可爱。

白天睡懒觉

　　蜂猴惧怕阳光和高温，喜欢夜间行动，白天则躲在枝叶繁茂的树冠呼呼大睡。无论周围的鸟啼兽吼多么嘈杂，蜂猴都不会被吵醒，因此它也被人们称作"懒猴"。

行动缓慢

蜂猴一天到晚很少活动，它不会跳跃，只会在树干上攀爬。蜂猴的动作非常缓慢，爬一小段距离就要停下休息一会儿。

可以模拟植物

蜂猴虽然动作缓慢，但它可以改变毛色模拟周围的植物，从而躲避天敌。蜂猴改变体色不是靠体内色素变化，而是凭借地衣、藻类等植物。这些植物能够吸收蜂猴散发出的水汽和碳酸气，并且在蜂猴身上生长、繁殖，让蜂猴与周围的绿色植物融为一体。凭借这项特殊技能，蜂猴也拥有了"拟猴"的雅号。

会用毒

　　蜂猴能够分泌、使用毒素，这是它御敌的特殊技能。蜂猴会把毒液涂在牙齿和毛发上，遇到天敌时，蜂猴就会滚成一个球，将有毒的皮毛朝向敌人，让敌人无从下口。蜂猴被激怒时，会用毒牙咬敌人，毒素会导致敌人休克。

林中怪兽山魈

山魈（xiāo）是世界上最大的猴类。它有着彩色的毛发、鲜艳的大花脸，因而经常被人们当作林间的怪兽。

看起来像妖怪

山魈的外形看起来非常奇怪，它长着褐色的长毛，脖子下围着橘黄色的围巾，脸又窄又长，有着鲜红的鼻梁和突出的巨大獠牙，下巴上还长着一撮黄色的山羊胡，看起来就像传说中的妖怪。

庞大的群落

山魈是一种群居性动物，通常以小群落的形式生活，有时也会由几个小群集合成 600 多只的大群落，据说，最大的群落规模可超过 1300 只。群落里有着严格的等级制度，由一只强壮的雄性山魈作为首领。

勇猛好斗

成年的山魈牙齿长而尖锐，爪子锋利，臂力是人类臂力的 3 倍左右。它们性格暴躁、凶猛好斗，就连凶猛的豹子也要对它们敬而远之。如果山魈被激怒，它们会攻击毒蛇，甚至敢与大型猛兽一决高下。

身披花外衣的梅花鹿

　　灌木丛间有一对褐色的树枝在移动，时隐时现。仔细观察，原来是一头梅花鹿在吃草，那对小树枝就是它漂亮的角。

优雅的梅花鹿

　　梅花鹿身形中等，四肢细长，总是昂首挺胸地在丛林里踱步，看起来就像一位优雅的公主。再加上长长的耳朵、乌黑的鼻头、温柔如水的大眼睛，梅花鹿更显得风度翩翩了。

群居生活

　　在野外，梅花鹿通常以群体的形式生存，很少单独活动。鹿群成员通常是固定有序的，新加入鹿群的鹿可能会受到排挤和攻击。

身披花外衣

夏天，梅花鹿的体毛是栗红色的，身体两侧点缀着很多白色的斑点，看起来就好像栗红色的外套上绣着一朵朵漂亮的梅花。冬天，梅花鹿的体毛变成了烟褐色，白色的斑点融进体毛里，整体与周围的环境完美融合，这样梅花鹿就可以放心地在杂草丛里穿梭了。

漂亮的鹿角

梅花鹿群里为什么有的鹿长着角，有的鹿没长角呢？原来，鹿角是雄性梅花鹿特有的饰品。梅花鹿的鹿角是褐色的，有 4 个分叉，主干稍微向两侧弯曲呈半弧形，整体看起来就像别致的珊瑚。但是，鹿角尖端非常锐利，是梅花鹿打败敌人、争夺异性的重要武器。

运动健将

　　梅花鹿四肢修长，蹄子非常尖，能进行快速奔跑和大跨度跳跃。它运动起来轻快敏捷，姿态潇洒，能够轻松地攀登上陡峭的山坡，还可以在灌木丛间轻快敏捷地跳跃奔跑，穿梭自如。它的这种天性从小鹿的身上也可以完美体现。小鹿出生几个小时候就可以站起来自由走动，第二天就可以跟着鹿群随意奔跑，真是让人惊叹！

顶着绒线帽的 毛冠鹿

在鹿类大家族里，有一种身形较小的黑色小鹿，它额头上长着一簇长毛，就像戴着一顶黑色的小礼帽，因此被称为毛冠鹿。

活动方式

毛冠鹿胆小谨慎，善于隐蔽，喜欢栖息在水源附近。毛冠鹿非常聪明，会根据季节的变化选择栖息地。夏天的时候，它会到高山上避暑；冬天的时候则会到低处朝阳的地方避寒。白天的时候，毛冠鹿一般都躲在灌木丛里养精蓄锐，清晨和黄昏时分，它们会成双成对地出来觅食。

有趣的行为

　　毛冠鹿机警灵活，周围环境稍有变化，它就会迅速逃离。但是，它在逃跑的时候会把尾巴高高竖起，尾巴内侧的白色体毛会将毛冠鹿的位置暴露。这使得毛冠鹿很容易受到敌害的捕杀。

森林中的大块头驼鹿

驼鹿是鹿类家族里出了名的大块头，它的身高可以超过两米，体重可以达到 600 千克以上。这样魁梧的身材也让驼鹿脱颖而出，成为森林中的大块头。

看起来像骆驼

驼鹿的肩部很高，看起来就像耸立的驼峰，再加上驼鹿魁梧的身材，让驼鹿看起来极像高大的骆驼。如果不是它长着特色鲜明的角，真的很容易被误认为是骆驼呢！

像手掌一样的角

驼鹿的鹿角中间宽阔，边缘分出很多小小的尖叉，整体看起来就像巨大的手掌。鹿角的长度和宽度随着驼鹿年龄的增长而递增，最长的可以长到 200 厘米左右，宽度可以超过 40 厘米，几个人同时站在上面都不成问题。

高大而灵巧

驼鹿虽然身形巨大，但运动起来却非常灵活轻巧。它可以在厚厚的积雪里自由活动，能够以每小时 55 千米的速度轻松地跑出数百千米。更让人惊奇的是，驼鹿还可以一跃而起，取食枝头上的鲜嫩树叶。

游泳健将

驼鹿的游泳能力在鹿类家族里名列前茅，它可以轻松游数十千米，甚至能够横渡海峡。驼鹿还是著名的潜水员，可以下潜到深深的水下去觅食水草。

41

胆小的 赤麂

清晨时分，灌木丛里静悄悄的，一对赤麂机警地探出头来张望。
看到周围没有危险，它们才放心地低下头吃草。

生性胆小

　　赤麂生性胆小谨慎，走路时小心翼翼，几乎不发出任何声音。它灵敏的耳朵时刻留意着周围的风吹草动，如果被惊动，赤麂就会狂奔疾驰，逃得无影无踪。它们受到惊吓时会表现得更加紧张不安，甚至吓得都不会走路了，以致很容易被猛兽捕获。

叫声像犬吠

赤麂的叫声短促洪亮，听起来像犬吠，因此赤麂也被称作"吠鹿"。在茂密的山林里，赤麂依靠这样的叫声向同类传递信息，相互沟通。

活动范围固定

赤麂非常固执，它如果选定了栖息地，就会一直在周围活动。即使受到追捕逃到远处，赤麂还是会悄悄回到原来的栖息地。

小尾巴的獐

獐是一种小型的鹿，它的尾巴非常小，几乎被臀部的长毛完全遮住了，如果不仔细观察，还以为它没有尾巴呢。

独特的身体结构

獐的四肢虽然短小，但健壮有力。相比之下，獐的后腿比前腿要稍高一些，看起来就像故意抬高了臀部。这样的身体结构让獐能够像小兔子一样在灌木丛间飞速狂奔，但是，这样的结构不适合在高山上活动，因而獐一般只生活在山地草坡、河岸等地。

善于游泳

    獐是天生的游泳能手，可以在岛屿之间自由往返。遇到猎人或天敌追捕的时候，它会在河岸、草滩之间快速游动，从而躲避追捕。

不喜欢运动的幼崽

    獐的幼崽出生后，奔跑能力还很弱，很容易被猛兽捕获。为了躲避危险，它们会悄悄躲在树林里的草丛间养精蓄锐。只要敌人不接触到它们，即使近在咫尺，它们依然一动不动。

好奇心强的狍子

看，几只狍子正在山林里悠闲地吃草。别看它们正吃得起劲，它们的耳朵可是时刻听着山林里的风吹草动呢！只要周围稍有响动，它们就会迅速逃到密林深处。

尾巴会炸开

狍子的尾巴非常小，外面颜色与体色一致，但内侧是白色的。受到惊吓的时候，狍子尾巴上的长毛会迅速分散开遮住臀部，整个臀部会变成白色，非常有趣。

好奇心强

狍子的好奇心非常强，看见新鲜事物总喜欢停下来仔细瞧瞧。更为有趣的是，如果对着正在逃跑的狍子大喊一声，它也会停下来观望一番，甚至会跑到追击者附近看看刚才是谁在喊叫。

足智多谋

　　狍子一般独自躲在密林里分娩，每胎产 2 只幼崽。为了避免幼崽被天敌伤害，雌狍会在相距 10 米左右的两个不同地点产下幼崽，并且分别哺乳。等到幼崽可以自由奔跑时，雌狍才会带领它们重新返回集体。

奔跑迅速

　　狍子的奔跑能力非常强，奔跑起来就像离弦的箭。受到惊扰时，狍子会立即以最快的速度消失在丛林里。如果到了开阔的草地，狍子的奔跑能力更是让追捕者望尘莫及，因而狍子也被赋予"草上飞"的美称。

珍贵的羚牛

羚牛身材高大，粗壮如牛，但它头小尾短，长着胡须，看起来更像一只大型的羚羊。它的身上披着厚厚的长毛，喜欢在寒冷的高原山林穿梭活动。羚牛是著名的攀岩能手，在陡峭崎岖的山林间行走如履平地。

遵守秩序

羚牛一般以群居为主，活动的时候，它们会自动站好队伍，强壮的成员会站在队伍前后两侧担负起保护弱小的职责，其他成员则有条不紊地站在队伍中间，一个挨一个地沿着小道前进。

哨兵

  羚牛群平时活动的时候，会有一只强壮的"哨兵"站在高处放哨。如果发现敌情，哨兵就会迅速发出吼叫声，其他成员会立即进入御敌状态。整个羚牛群团结一致，气势汹汹地向前冲去，直到抵达安全地带。

争夺配偶

夏季是羚牛的繁殖季节，这时候，雄性羚牛为了争夺雌性就会大打出手。它们会把双角朝向对手，猛冲过去，相互撞击。猛烈的撞击后，它们会隆起背脊，用身体相互抗衡，企图以健壮的身躯将对手压倒，直到分出胜负。

暴力狂

羚牛身躯强壮，性情凶猛，经常会对那些跑过来抢食物的小动物展开疯狂攻击。它们在走路的时候更是蛮横霸道，如果有树干挡在前面，它们会猛冲过去将其折断。羚牛凶猛狂躁的性情在那些单独活动的成员身上体现得更加明显，它们甚至会主动攻击人类。

共同照顾小羚牛

羚牛产崽时会悄悄离开群体，躲在密林里。当小羚牛可以自由活动时，雌性羚牛会带领它们回归群体。群体里的其他成员会帮忙照顾小羚牛，这样雌性羚牛就可以放心地出去觅食了。

外形奇特的鬣羚

生活在亚热带丛林里的鬣羚是一种外形奇特的动物。它的外形看起来像黑色的羊，耳朵却像兔耳一样长长的，背上还长着蓬松的浅色鬣毛，简直就是野生动物里的"时尚领袖"。

颈背上的长毛

鬣羚颈背上的鬣毛又粗又长，蓬松地分散在身体两侧，而且这些鬣毛颜色相对较浅，通常为白色或灰白色，与体毛的黑色形成鲜明对比，就像围在鬣羚颈部的一条毛茸茸的围巾。

秘密武器

鬣羚的蹄子由两个靠在一起的蹄组成，前端又窄又尖，后端较为宽阔，周围环绕着坚硬的角质，而内部则非常柔软。这是鬣羚攀岩的秘密武器。当鬣羚在山崖上行走时，蹄子就会像吸盘一样，使其稳稳地站立在岩石上，这样一来，鬣羚就能够在峭壁之间跳跃了。

身披利箭的豪猪

豪猪是热带丛林里最不好惹的野生动物之一。虽然名为豪猪，但它其实是一种啮齿动物，看起来就像一只身上披着尖刺的巨大老鼠。

尖锐的棘刺

豪猪的身上，从背部到尾部，都披着利箭一样的棘刺，臀部的棘刺最长、最多，这些棘刺差不多有一根筷子那么粗。遇到敌人时，豪猪就会将棘刺竖立，不停地抖动，发出巨大的摩擦声，以震慑敌人。如果敌人不识趣，豪猪就会猛扑向它们，用棘刺将敌人刺伤。这一特殊技能让豪猪在丛林里百战百胜，连凶猛的豹子也要对它敬而远之。

灵巧的前爪

豪猪在觅食的过程中，会找到一些圆润的美味果实，稍微一碰，果实就会跑来跑去。但是豪猪自有妙招，它会用前爪用力将食物拍在地上固定，然后再悠闲地品尝。

喜欢吃植物

豪猪虽然有棘刺这个有力武器，但它们不会攻击、捕食其他小动物。它们喜欢吃鲜嫩的野草，有些种类的豪猪能够爬上树，采食树上美味的水果。有时，豪猪也会跑到丛林旁边的农田里搞点破坏，吃一些土豆、花生等农作物。

凶猛的野猪

小野猪长着褐色的柔软毛发，身上还点缀着漂亮的花纹。它们在丛林里跑来跑去，寻找美味的小叶果。随着成长，它们会逐渐换掉漂亮的花外衣，披上粗糙坚硬的毛，成为丛林里勇猛的斗士。

身材健壮

野猪身材健硕，四肢粗壮，全身覆盖着黑色的硬毛。雄性野猪更是让人望而生畏，它身材高大，体重可至上千千克，还长着一对外露的獠牙，发起怒来连老虎也不是对手。

坚硬的铠甲

野猪平时喜欢在身上涂抹泥浆，泥浆被太阳晒干后就会形成一层厚厚的保护层，这是野猪的铠甲。雄性野猪还会经常在树干、岩石等坚硬的物体上摩擦身体两侧，使皮肤变得又厚又硬，形成一层保护层，避免在搏斗时被敌人伤害。

凶猛暴躁

野猪是一种杂食性动物，除了鲜嫩的野草、树根，它们还会主动捕猎野兔、老鼠，有时还会吞掉毒蛇和蝎子，雄性野猪甚至会捕食幼小的豹、狼，被激怒的野猪还会攻击人类。

守卫领地

野猪喜欢群体生活，每个群体都有自己的领地，并且会用排尿等方式划分领地范围。当其他群体的野猪闯入时，雄性野猪会自觉担负起守卫族群的重任。它们发出巨大的呼呼声，齐心协力冲向敌人，直到把敌人赶出它们的领地。

脚上长蹼的丛林犬

热带雨林里，一群丛林犬在奔走穿梭。这些棕色的小胖子走走停停，有时候用尿液在草丛里做个标记，有时候还会跑到河里游泳潜水，弄得全身湿漉漉的。

栖息在水边

丛林犬的栖息地通常都在水源附近，因为岸边有大量的水鸟、水里有丰富的鱼类，这些都是丛林犬很喜欢的美味。

别致的犬类

丛林犬身体粗壮，四肢短小，看起来就像圆圆的筒。与其他犬类不同，丛林犬嘴巴又宽又肥，圆圆的耳朵非常娇小，看起来就像胖胖的棕熊。它们的爪子上还长着用来划水的蹼。这些特征让丛林犬在犬类家族脱颖而出，成为最别致的成员。

喜欢聚在一起

丛林犬喜欢十几只聚在一起，组成一个稳定的小团队，共同捕猎、嬉戏。白天的时候，它们喜欢沿着河岸到处活动，有时潜入水里捕食鱼类，有时还会合作围捕体形比自己大很多的小鹿。夜晚的时候，它们则挤在巨大的树洞里养精蓄锐。

尾巴灵巧的熊狸

熊狸头部像黑熊，身体像狐狸，全身披着浓密的暗色长毛，看起来胖胖的，甚至有些笨拙。实际上，它是敏捷的树上运动高手，可以轻松地在树干之间攀爬跳跃，还可以灵巧地追逐飞鸟呢！

灵巧的大尾巴

熊狸的尾巴又粗又壮，但非常灵巧，就像是熊狸的另一只爪子，可以缠绕住树枝，让熊狸倒挂在半空中捕猎。睡觉的时候，熊狸会趴在树干上，放松四肢，用尾巴抓握树干保持平衡。

厚厚的足垫

熊狸的爪子像猫爪一样，有柔软的足垫。熊狸的足垫又大又厚，可以帮助熊狸轻松地在树干上攀爬行走。

喜欢吃水果

　　熊狸虽然被归类为食肉动物，但它并不以肉类为主食。对熊狸来说，枝头的野果才是上等美味。有时候，它还会混进猴类的群体，与猴子们一同寻找果实。

独特的气味

　　熊狸的尾巴上有一个特殊的器官，能够散发出类似于热爆米花的气味。熊狸爬树的时候，会在树上留下一道道独特的气味痕迹。平时，熊狸还会用尾巴在树枝上蹭来蹭去，涂抹上气味，以标明自己的领地范围。

无所畏惧的蜜獾

蜜獾在丛林里找到了一个巨大的蜂巢，蜂巢里面香甜可口的蜂蜜可是它最喜欢的美食！它激动地爬上了树，用锋利的爪子将蜂巢破坏，悠闲地吃了起来。

身穿铠甲

蜜獾体形娇小修长，长着黑色的光亮长毛，披着别致的"马甲"，看起来非常可爱。它的皮肤和体毛又厚又粗糙，就像一层结实的铠甲，能够轻松应对蜂群、野兽的进攻。

凶猛暴躁

　　蜜獾表面上看起来可爱温顺，实际上它可是非常凶狠、残暴的猛兽，经常会对其他野生动物展开攻击。蜜獾的机智与凶猛在丛林里众所周知，即使敌人的体形远远大于自己，蜜獾也毫不畏惧，它发起怒来可以捕杀年幼的鳄鱼，甚至敢与豹子、狼等大型猛兽相抗衡。

好伙伴

　　蜜獾与响蜜䴕（liè）是一对要好的伙伴。响蜜䴕非常善于寻找蜂巢，它找到新的蜂巢，就会不停地鸣叫，吸引蜜獾的注意力。蜜獾在响蜜䴕的带领下找到蜂巢，然后用强壮的爪子将蜂巢破坏，与响蜜䴕一同享用美味的蜂蜜。

蛇类克星蛇獴

森林里来了一条巨大的眼镜蛇，它凶猛无比，小动物们都不敢招惹它。但是，身材娇小的蛇獴却一点都不怕，它灵巧地冲上前去，不一会儿就把眼镜蛇制伏了。

娇小灵巧

蛇獴身体纤细，四肢细小灵活，长长的尾巴几乎占了体长的一半。它可以轻松地钻进鼠洞，将老鼠吃掉。然而，它最喜欢的食物并不是老鼠，而是凶猛的毒蛇。

大战毒蛇

　　蛇獴找到一条毒蛇后，迅速竖起全身的毛，灵巧地向毒蛇发起攻击。毒蛇被激怒，抬高头部，发出巨大的声音，向蛇獴猛扑，企图把蛇獴咬住。蛇獴灵活地一闪，让毒蛇扑了个空。蛇獴不停逗弄毒蛇，把毒蛇累得筋疲力尽。这时，蛇獴趁机一跃而起，咬住毒蛇的脖子，将它杀掉。

不怕蛇毒

　　毒蛇有巨大的毒性，蛇獴怎么敢以它们为食呢？原来，蛇獴体内含有一种特殊的抗毒物质，这使蛇獴具有特殊的抗毒性，即使毒蛇的毒性再大，蛇獴都可以轻松化解。

捕鱼能手 渔猫

渔猫外形看起来很像家猫，但要比家猫大很多倍，体长可以长到1米左右。它喜欢在沿河的丛林里到处活动，经常潜入水中游泳捕鱼。

善于游泳

渔猫是猫类家族里著名的游泳冠军。渔猫的爪子一直向前伸直，爪尖不能完全收回，但爪子和脚趾之间长着蹼。游动的时候，渔猫用爪子在水里灵巧划动，尾巴则在水面掌控方向。

性情凶猛

渔猫虽然看起来温顺可爱，实际上，它们凶猛残暴，野性十足，敢于攻击体形比自己大很多的野生动物。有些渔猫在被驯养很多年后，仍然会主动攻击其他动物。

有趣的捕鱼方法

渔猫非常喜欢吃鱼，而且有着非常独特的捕鱼方法。捕鱼的时候，渔猫喜欢蹲在河岸边，用爪子轻拍水面，让水面不停地振动。鱼群感受到水面的微小振动，以为是昆虫在水里游动，从而被吸引过来。这时，渔猫会突然伸出利爪，把小鱼抓到岸上，或猛扑到水里，用利爪将小鱼按在水底，然后叼到岸上享用。

可爱的 小熊猫

下雪了，森林里一片白茫茫的。小熊猫躲在茂密的树丛里，时不时好奇地探出头来张望。过了一会儿，天晴了，它开心地爬上枝头晒起太阳来。

丛林里的小美人

丛林里如果举行选美比赛，小熊猫一定能凭借可爱的外形成为优胜者。它外形像一只胖胖的猫，红棕色长毛鲜艳又光亮，尖尖的耳朵毛茸茸的，可爱的脸上点缀着别致的白色斑纹，蓬松的大尾巴上环绕着深浅不一的漂亮环纹，就像造型别致的模特。

有趣的睡姿

小熊猫睡觉的时候，喜欢把圆圆的头部蜷缩到身体中央，然后用前爪抱住，并且把毛茸茸的大尾巴盖在身上，别提多惬意了。

讨人喜欢

小熊猫性情温顺，不会主动攻击其他小动物，平时很少大声叫嚷。小熊猫的听觉和视觉比较迟钝，总是慢吞吞地在地上散步。它走路时，前腿会稍微向内弯曲，就像婴儿一样摇摇晃晃，非常讨人喜欢。

尾巴很长的大灵猫

大灵猫是一种谨慎狡猾的动物。在夜幕的笼罩下，它在丛林里到处游荡觅食。它的听觉和嗅觉都非常灵敏，只要周围稍有异动，它就会迅速跑回巢穴，或爬上高高的树枝。

漂亮的长尾巴

大灵猫的尾巴又细又长，上面环绕着黑白相间的漂亮条纹。它们不是简单的装饰品，爬树的时候，它们可以帮助大灵猫调节平衡，让大灵猫在高高的枝头上自由行走。

捕猫高手

　　大灵猫看到一只老鼠，它悄悄地躲在草丛里，等老鼠主动靠近。过了一会儿，老鼠跑到了远处，大灵猫决定主动出击。它将身子压低，谨慎地爬过草丛向老鼠靠近，然后突然冲出去，一下就将老鼠按在地上，迅速用利齿将老鼠咬死，然后得意地带着猎物返回巢穴，品尝美味大餐。

行动敏捷的紫貂

冬天到了，茂密的寒带丛林被白雪覆盖，许多小动物都躲在温暖的巢穴里呼呼大睡。紫貂却不怕寒冷，在雪地里跑跑跳跳地玩耍，有时还会爬上高高的树枝寻找食物。

灵巧谨慎

紫貂在地面行动时，总是跑几步就停下来左右瞧一瞧，并且会谨慎地闻一下周围有没有特殊的气味，有时还会高高抬起头环视周围。如果发现小动物，它就会悄悄靠近，然后猛扑过去将其捕获。

温暖的巢穴

　　紫貂喜欢在森林里到处游玩，经常在石缝、树洞、茂密的树丛里随意休息。到了繁殖季节，雌性紫貂就会在树洞里铺上杂草、柔软的鸟羽和兽毛，做一个温暖的婴儿房。它们还会在巢穴里分出一个独立的空间作为仓库，在里面囤积大量的坚果，这样它们就可以安心地繁殖了。

蜿蜒爬行的蟒蛇

提起蟒蛇，很多人会不寒而栗。它那急速爬行的身躯，吞食猎物时粗鲁嗜血的方式，想想都让我们毛骨悚然。这些能吃的大家伙，一直奉行来者不拒的进食标准，一次就能吞食超过体重1.5倍的食物，难怪大家都怕它。

没有脚也能走

蟒蛇的皮肤上面紧紧覆盖着一层蛇鳞。这既是它的盔甲，也是它的防水衣。这层鳞片结实而光滑，可以帮助蛇爬行，也可以保护它的身体。蟒蛇虽然没有脚，但行动速度一点儿也不慢。它一般会利用粗糙地面的反作用力，推动身体呈波浪式前进。也就是说，如果把蟒蛇放在光滑的玻璃上，那它就寸步难行了。

长大了要蜕皮！

就像我们会慢慢长高一样，蟒蛇也在逐渐长大，它需要不停地换下"外衣"，才能保证身体正常发育。蟒蛇一年当中要蜕皮4～8次，每次蜕皮都是一种重生。它会先让外皮松动起来，从口鼻开始"脱衣"。如果"脱衣"进行得不够顺利，那么蟒蛇就会用身体去摩擦其他物体，直到蜕皮成功。

捕食绝招

　　蟒蛇发现目标时，会发动突然袭击，率先用身体紧紧缠绕住猎物。神奇的是，蟒蛇能够感知到猎物心脏的位置，因此它专挑这个部位下手，使对方心脏停止跳动。接着，蟒蛇便会张开大口，把猎物整个吞到肚子里。一顿饱餐过后，蟒蛇可以几天不再进食，因为之前吃掉的食物需要5～6天才能完全消化掉。

毒蛇克星森林王蛇

北美地区的丛林里，栖息着当地最长的蛇类——森林王蛇。它体内无毒，但能够抵抗蛇毒。森林王蛇对人类没有伤害，而且是毒蛇的克星，甚至会捕食毒蛇作为食物。

奇特的体色

森林王蛇全身覆盖着致密的蓝黑色鳞片，在阳光的照射下闪耀着油亮的蓝色光泽，看起来就像精致的琉璃，因而森林王蛇也被称为"蓝琉璃蛇"。

应对敌人

森林王蛇遇到敌人时，会高高抬起颈部向前伸展，嘴里还不停地发出喷气声，并且逐渐向敌人逼近，然后快速出击，咬住敌人，将敌人压在身下，并不断向敌人施加压力，直到将敌人制伏。

捕食响尾蛇

　　森林王蛇在草丛里找到一条响尾蛇，准备发起进攻。响尾蛇识破了森林王蛇的"诡计"，不停地吐出信子，摆动尾巴发出声响，意图让森林王蛇知难而退。森林王蛇毫不畏惧，它凶猛地向前扑过去，狠狠咬住响尾蛇，与响尾蛇搏杀起来。经过一番激战，森林王蛇将响尾蛇杀死，然后悠闲地吃起大餐。

尾巴毛茸茸的松鼠

松鼠是森林里的跳伞能手，蓬松的大尾巴是它天然的降落伞。不仅如此，松鼠的尾巴还有其他妙用呢！

毛茸茸的尾巴

松鼠的长尾巴毛茸茸的，总是灵巧地左摇右摆，有趣极了。但是，不要以为松鼠的大尾巴只是为了让松鼠看起来更漂亮，它的作用可大着呢！睡觉的时候，尾巴是松鼠温暖的棉被；天热的时候，它是松鼠天然的遮阳伞；与伙伴交流的时候，它又变成沟通信息的重要工具。

采摘果实

松鼠采食松仁的时候，会爬上高高的枝头，将成熟的松塔咬断，使其落到地上，然后松鼠就会迅速从树上下来，用灵巧的小爪子将松塔剥开，取出松子，咬碎种皮，品尝美味的松仁。

嗅觉灵敏

松鼠有非常灵敏的嗅觉，觅食的时候，它只要把鼻子贴在松塔上轻轻闻一下，就知道里面有没有松子。

储存食物

　　夏季，森林里的蘑菇非常充足，松鼠在饱餐之后，会采摘一些蘑菇放在树枝上晾晒，然后储存起来。秋季，果实成熟时，松鼠变得更加忙碌了。它将采摘的干果放进安全的"仓库"，这是松鼠冬天的食物。